CONSÉQUENCES

DE LA

RÉVOLUTION DE JUILLET.

IMPRIMERIE DE GUIRAUDET,

RUE SAINT-HONORÉ, N° 315.

CONSÉQUENCES

DE LA

RÉVOLUTION DE JUILLET.

Si j'ai tort, réfutez-moi.

PARIS,

CHEZ LEDOYEN, LIBRAIRE,

PALAIS-ROYAL.

1831.

CONSÉQUENCES

DE LA

RÉVOLUTION DE JUILLET.

Une grande révolution est arrivée en France, et, par une bizarrerie qui peut-être n'appartient qu'à elle seule, au bout d'une année entière, on est encore indécis sur son but et sur son caractère. Les uns prétendent qu'elle n'a voulu que défendre un ordre de choses légitime indignement attaqué ; d'autres, qu'elle a amené des résultats plus étendus, mais dont la nature n'est pas encore exactement définie. Enfin, *les Conséquences de la révolution de juillet* ont été jusqu'ici un problème pour les esprits sages, et quelquefois un mot de ralliement pour les mécontents. C'est ce problème que j'ai tenté de résoudre, convaincu qu'un gouvernement ne peut jamais avoir une marche arrêtée, s'il ignore à la fois et son point de départ et le but auquel il doit tendre; et si je ne réussis pas dans mon investigation, d'autres devront l'entreprendre, car il est impossible de demeurer dans un tel état d'incertitude.

On ne peut dire que la *révolution de juillet* (1) ait eu un but, car elle n'a été ni préparée

---

(1) La révolution de juillet est le triomphe, trop rare dans l'histoire, du DROIT sur la FORCE. Le *droit* est le principe conservateur des sociétés : comment les souverains sont-ils assez aveugles pour l'attaquer? comment ne voient-ils pas qu'ils détruisent le principe fondamental de leur puissance? La vie entière de Napoléon a été l'action de la FORCE contre le DROIT, au 13 vendémiaire, au 18 brumaire, lors de l'invasion d'Espagne. Les combattants de juillet, ceux de Varsovie et ceux de Sarra-

ni prévue; mais elle a eu un résultat immense: c'est de faire passer l'administration des mains de ministres choisis par le roi entre les mains de ministres choisis, ou, ce qui est presque la même chose, désignés par les chambres. Et voici comment je raisonne. C'est la ténacité de Charles X à vouloir conserver des ministres frappés de la plus repoussante impopularité qui a amené cette révolution. Il en a appelé à la force des armes, et une question long-temps indécise a été résolue sans retour. Désormais la nation sait que c'est à elle à désigner le ministère, que la couronne n'a aucune force pour lui contester ce droit; c'est un fait qui ne peut être

---

gosse, ont également combattu pour le DROIT, pour ce principe conservateur des sociétés, cette sainte cause pour laquelle CATON et MALESHERBES ont péri. Voilà ce que c'est que les combattants de juillet. Si on pouvait un moment les prendre pour des chefs d'émeute, ce sont des caractères ardents et fiers, ils le deviendraient; si l'on avait l'imbécillité de confondre des choses qui sont séparées par plusieurs diamètres de la terre, toutes les conséquences de cette belle révolution seraient perdues, et nous retomberions dans le chaos.

trop nettement établi et sur lequel il ne doit rester dans les esprits aucune incertitude ; car il doit en résulter une conséquence d'une extrême gravité, c'est *une séparation profonde entre l'action de la couronne et celle du ministère*, de manière qu'il ne soit jamais possible de les confondre.

Avant de m'engager dans un sujet aussi délicat, je crois devoir protester de mon profond respéct pour la personne du *Roi* : il est dû à la dignité de sa vie privée et à celle qu'il a montrée dans ses malheurs. Je proteste de ma croyance profonde en la nécessité d'une *Monarchie héréditaire*, je la regarde comme la garantie de nos libertés. Maintenant que j'ai assuré mon pavillon, je poursuis ma route.

Sous la loi de 1814, le Roi choisissait son ministère ; personne ne lui contestait ce droit ; et il en a usé largement, car il nous a donné le ministère *Villèle*. Maintenant que la nécessité de le choisir dans la majorité des chambres est immuable, ce sont elles, et non le Roi, qui donnent l'impulsion à la machine politique. C'est cette haute direction des affaires à laquelle Charles X n'a jamais voulu renoncer (1), et pour laquelle il a risqué et perdu sa couronne. Ses ordonnances du 25 juillet ont été un coup de désespoir. Convient-il à la dignité du Roi de pendre part à l'action d'un pouvoir qu'il ne dirige plus, et dans laquelle il n'agit que comme puissance secondaire? Lorsque, sous la loi de 1814, le Roi présidait le conseil des ministres, cette action était naturelle, elle était indispensable. C'était la pensée du Roi qui dirigeait tout le gouvernement, il fallait bien qu'il la fît connaître à ses ministres, qui se chargeaient de la faire adopter. Il fallait que le ministère et les chambres se conformassent à cette pensée, car sans cela le mouvement de la machine se trouvait arrêté. Mais, maintenant, comment le Roi peut-il présider un conseil de ministres qui ne sont plus les siens? J'entends d'ici les cris qui vont

---

(1) Il la croyait un droit, sans penser qu'au fond des choses il y avait un argument irrésistible qui devait l'annuler, *le vote de l'impôt*.

éclater ; mais, je le répète, vous n'êtes plus les ministres du Roi : vous êtes bien autre chose, vous êtes les ministres du pays, et le Roi, placé au-dessus de vous, est votre juge. Et la preuve que vous n'êtes plus les ministres du Roi, c'est que, si vous perdez la majorité dans les chambres, dès cet instant vous cessez d'être ministres. La confiance du Roi, la conformité de votre système politique avec le sien, ne peuvent vous maintenir, il faut que vous tombiez. Si vous étiez encore les ministres du Roi, il faudrait donc qu'il soutînt les actes émanés de vous, auxquels il aurait donné son approbation. Comment pourrait-il vous abandonner si des mesures qu'il aurait suscitées lui-même, car quel homme est infaillible, appelaient l'impopularité sur votre tête? Et plus le caractère du Roi sera grand et élevé, plus il sera contraint de prendre ce parti dangereux. L'honneur, pour les âmes généreuses, est une nécessité impitoyable à laquelle il faut obéir. Nous voilà donc ramenés à la nécessité des ordonnances. M. de Polignac était bien véritablement le ministre du Roi ; le Roi s'est cru obligé à soutenir son ministre, et le ministre, à son tour, s'est sacrifié pour son maître (1) : ils étaient tous deux dans l'esprit de la monarchie d'alors ; mais gardez-vous de les imiter, la chute serait plus terrible et elle serait sans excuse.

Mais, si le Roi participe aux actes des ministres, comment est-il possible qu'ils soient responsables ? La responsabilité des ministres, depuis la révolution de juillet, a entièrement changé de caractère ; elle n'est plus illusoire, elle ne se borne plus à ces crimes ignobles, et presque impossibles en France, de trahison et de concussion ; elle s'attache à la nature de leurs actes politiques, elle s'étend jusqu'à leur incapacité. Si l'influence du Roi n'est pas prépondérante dans le conseil, elle est incompatible avec sa

---

(1) J'ai entendu juger généralement M. de Polignac comme un homme d'une capacité médiocre ; mais, à coup sûr, il est doué d'une grande énergie : un homme qui, deux fois dans sa vie, s'est exposé à une accusation capitale pour soutenir une cause est convaincu de sa justice ; et, quoiqu'elle soit évidemment mauvaise, sa ténacité dans son erreur mérite la compassion et même l'estime.

dignité ; si elle l'est, au contraire, elle en exclut toute responsabilité. De la responsabilité des ministres résulte la conséquence rigoureuse (1) de leur indépendance absolue ; car comment les juger sur des actes qui auraient été soumis à quelque influence que ce fût ? C'est ce qu'a bien senti M. Casimir Périer ; et, quelle que soit l'impopularité qui maintenant soit attachée à son nom, il est certain qu'il a rendu un grand service à son pays en réclamant pour eux cette indépendance (2) ; mais cette concession du Roi ne peut être qu'éphémère, puisque le droit positif est contre elle, que l'art. 13 de la Charte attribue au Roi seul la puissance exécutive ; et lorsque arrivera le moment où il jugera devoir la retirer, quels seront les hommes d'une grande

---

(1) La logique est la reine du monde, bien autrement puissante que la grammaire : car enfin on a vu des souverains se soustraire à l'empire de l'orthographe ; mais il n'y a ni armées ni forteresses qui puissent résister à la force d'une conséquence.

(2) Je parle ici d'après l'assertion non contredite de tous les journaux.

capacité qui voudront risquer leur réputation dans un poste où leur responsabilité serait encourue pour des actes qui n'émaneraient pas entièrement d'eux seuls ? Voilà donc toutes les hautes capacités nécessairement écartées du ministère, sous un gouvernement dont le but principal est de les y appeler ? Il émanera cependant toujours de la majorité des chambres, puisque c'est la condition nécessaire de notre nouveau gouvernement. Si maintenant le Roi se trouve en opposition avec le ministère sur une question d'une importance majeure ; s'il se trouve en opposition avec lui sur tout un système politique (et plus le Roi aura de lumières, plus il sera porté à se créer un système politique à lui ; plus il sera honnête homme, plus il voudra le faire prévaloir pour le bien de son pays), il ne cédera pas au ministère, il le changera. Mais, comme il sera obligé de le prendre de nouveau dans la majorité, le même système qu'il aura répudié reviendra donc prendre place dans son conseil ; et la dissolution de la chambre amènerait inévitablement le même résultat. Que fera le Roi alors ? continuera-t-il à présider une administration en opposition avec ses principes ? ou bien s'en éloignera-t-il, et la laissera-t-il agir contre son propre système ? Mais le premier de ces deux partis est impossible (1), et le second est manifestement contraire à tous ses devoirs, puisque la Charte lui a confié à lui seul la puissance exécutive. Tout gouvernement constitutionnel doit renfermer en lui les moyens de résoudre par des voies parlementaires toutes les difficultés qui peuvent s'y élever ; si, comme dans cette supposition, il n'en existe aucun, il faut avoir recours à la violence et aux coups d'état. Jusqu'à présent la sagesse du Roi, sa sympathie pour les majorités parlementaires, l'esprit de modération de l'époque où nous vivons, nous ont préservé de ce malheur ; mais le principe d'une révolution existe dans cette combinaison politique, et il est impossible que tôt au tard il ne finisse par éclater.

---

(1) Je conçois bien qu'un souverain nomme un ministre qui ne pense pas comme lui : c'est ainsi que Georges IV a nommé M. Canning, pour lequel on connaissait son peu de sympathie ; mais une communauté de travaux sans une communauté de système politique est une chose impossible.

La responsabilité mnistérielle est de deux natures : l'une est la responsabilité judiciaire ; c'est celle qui, terrible et sanglante, a fait tomber les têtes de LAWD et de STRAFFORD, et qui, bien que moins rigoureuse, a frappé les ministres de CHARLES X ; heureusement on est rarement réduit à la triste nécessité de l'employer. L'autre est la responsabilité morale ; pour celle-ci elle est d'une application journalière ; c'est l'opposition qui lui sert d'organe, et qui joue le rôle d'accusateur. Elle livre de furieux combats au ministère, lui demande compte de tous ses actes, et foudroie également ou son impéritie ou sa faiblesse. C'est là son rôle, qui est éminemment utile dans l'état. Cependant on la blâme, on s'irrite contre elle, on lui reproche d'attaquer les ministres avec trop de chaleur et de violence ; mais croit-on que ce soit avec des paroles mielleuses que l'on fera sortir le pouvoir de ses dédaigneuses réticences ? On le calomnie, dit-on, on l'attaque dans son honneur ; mais s'il n'est pas harcelé, piqué au vif (1), jamais il ne don-

---

(1) M. MAUGUIN est admirable par son talent pour irriter

nera les explications que l'on lui demande. On croit que ces séances orageuses de la chambre, où toutes les passions sont soulevées avec la der-

---

et pousser à bout les ministres; il s'est un peu fourvoyé dans sa dernière attaque (lors de la prise de Varsovie) : aussi a-t-il été bien grondé par les journaux de l'opposition. Mais le ministère, malgré le petit triomphe qu'il a remporté dans cette occasion, n'en est pas moins irrévocablement perdu : la France ne pourra jamais lui pardonner d'avoir méconnu ses sympathies généreuses, de n'avoir pas compris qu'il fallait compromettre ses intérêts, les sacrifier même dans une cause d'honneur. Il n'a conçu que la politique des intérêts : cela peut-être eût suffi en Angleterre; mais pour gouverner la France il faut de la grandeur, et le ministère n'en a pas. Pourquoi a-t-elle idolâtré ce Napoléon, qui l'écrasait sous son despotisme, qui la martyrisait, qui menait follement ses armées périr aux extrémités de la terre? C'est que lui avait de la grandeur; il la poussait jusqu'au gigantesque. Dans une des fêtes de juillet, le Roi, dit-on, en annonçant à la garde nationale une victoire remportée par les Polonais, se mit à crier : « Vive la Pologne! » C'était une imprudence, sans doute, mais une imprudence sublime, une imprudence à la Henri IV, une imprudence qui a retenti dans tous les cœurs français; et le ministère l'a désavouée!

nière violence, vont exciter les troubles et la guerre civile ; on les accuse au moins des troubles qui agitent les grandes villes. Eh bien ! elles produisent un effet tout contraire. C'est parce que la colère et l'irritation ont été extrêmes entre les deux partis que l'on peut être certain qu'ils se sont dit toute la vérité, que rien de mystérieux n'a pu rester au fond de ces esprits irrités, que la confiance et la sécurité doivent renaître dans le pays ; et quant à la calomnie (1), elle est un petit malheur à la tribune et au grand jour. Heureux ceux que l'on calomnie ainsi ! c'est leur donner l'occasion du plus beau des triomphes. Mais, au milieu de ces combats si acharnés de la tribune, quelle est la situation de la couronne ? Toutes les opérations du gouvernement étant soumises à cette responsabilité morale, voilà donc des actes auxquels le Roi aura pris part qui seront livrés à l'examen des chambres ! Les coups de l'opposition tomberont

(1) Le ministère appelle calomnies les allégations de l'opposition, qui doivent quelquefois se trouver fausses parce que les documens lui manquent.

sur tout, sur le Roi et sur les ministres; car comment pourra-t-elle discerner les actes auxquels il aura pris part de ceux qui lui seront restés étrangers. Et voyez quel excès d'inconséquence! Des mesures auxquelles le Roi aura donné son approbation, qu'il aura peut-être provoquées, si elles n'ont pas l'assentiment des chambres, pourront être réprouvées par un jugement public! Les ministres, du moins, lorsqu'on les accuse, peuvent se défendre; mais si du haut de la tribune on signale de hautes influences, et l'on sait ce que cela veut dire, le Roi ne pourra répondre, et les dénégations des ministres ne serviront de rien, puisque l'on est persuadé d'avance qu'ils sont engagés d'honneur à garder le secret sur les délibérations du conseil (1). Ainsi le Roi pourra être toujours accusé

---

(1) En veut-on un exemple? Je le trouve sur-le-champ dans le *Journal de l'Aube*, qui contient souvent un extrait fort piquant et fort spirituel des autres journaux. Le *Journal du Commerce* : « S'il faut en croire certains bruits de ville, le conseil se serait occupé de ce qu'à la chancellerie on appelle les excès de la presse : le

sans qu'il y ait un moyen possible de le justifier aux yeux de la nation. Je le déclare, il n'y a pas un pouvoir humain qui puisse résister à une semblable épreuve.

Mais le Roi court encore un plus grand danger, c'est celui de voir *s'user son pouvoir*. Le mot *pouvoir usé*, s'il n'est un mot nouveau, en est du moins une application nouvelle. Il signifie un pouvoir dont l'opinion s'est retirée, et cela doit arriver à tout pouvoir en contact avec elle ; car comment satisfaire à toutes ses exigences, quelquefois si bizarres et quelquefois si sublimes!

---

garde des sceaux aurait développé à ce sujet des vues que les ministres de la guerre, de la marine et des finances, auraient approuvées; mais M. Sébastiani, le président du conseil, et MM. d'Argout et de Montalivet, se seraient prononcés contre ces mesures; et dans ce partage égal des volontés ministérielles UNE HAUTE INFLUENCE aurait décidé le rejet. » *Le Messager* : « Les insinuations et les faits contenus dans cet article sont entièrement faux. » A quoi le *Journal du Commerce* répond : « On sait ce que valent les démentis du *Messager*. »

Lorsque le pouvoir des ministres est usé, ils se retirent et font place à d'autres; mais peut-on prévoir sans frémir ce qui arriverait si le pouvoir du Roi venait à *s'user !!!* Malheur affreux! malheur sans mesure, qui nous replacerait sous la griffe impitoyable d'un pouvoir électif (1)!

Lorsque le Roi préside le conseil des ministres, il se passe quelque chose de bien étrange: un pouvoir héréditaire y préside aux délibérations d'un ministère électif! Ainsi donc deux pouvoirs qui n'ont ni la même origine, ni la même tendance, dont les principes doivent être différents, dont l'un est responsable tandis que l'autre ne l'est pas, dont l'un est indépendant tandis que l'autre croit devoir exercer sur lui un empire: eh bien! tous ces éléments de discorde, tous ces principes volcaniques, sont encore mêlés paisiblement; ils composent un

---

(1) Pour faire connaître le danger d'un pouvoir exécutif électif, je suis obligé de renvoyer le lecteur à mon petit écrit sur les *Pouvoirs électifs et héréditaires*.

même pouvoir! Mais le jour où il tombera dessus une étincelle, il s'allumera un volcan qui nous engloutira tous (1). Le plus terrible des volcans, celui sur lequel nous sommes, est une mauvaise division de pouvoirs. C'est celui qui a dévoré le plus vertueux des souverains (2), le plus ver-

---

(1) Si le Roi, au lieu de présider le conseil des ministres, se faisait rendre compte de ce qui s'y est passé par le président du conseil, le gouvernement, par cela seul, se trouverait replacé sur ses véritables bases.

(2) Nous sommes dans un siècle où l'on doit apprécier toute la grandeur de Louis XVI, ce caractère si éminemment légal et d'une résignation si sublime. Il était bien supérieur à Louis XVIII, dont l'âme aride n'était pas digne de l'apprécier. Je n'ai jamais pu lire sans la plus profonde indignation, dans cette relation d'un voyage de Paris à Bruxelles, ouvrage empreint de la plus décisive médiocrité, le récit qu'il fait d'une conversation entre *Sayer,* domestique anglais de M. *d'Avaray,* et son maître : « D'Avaray, le voyant en train de causer, le mit sur les affaires du moment, dont il parla fort librement; et, entre autres choses, il m'en dit *une qui m'a bien frappé depuis, c'est que l'on commençait à traiter le* Roi *de fou.* Il est bon d'observer *que Sayer parle mal*

tueux des hommes après celui qui fut le plus grand de tous (1).

Dans notre nouvel ordre de choses, je conçois le souverain placé au sommet de la hiérarchie sociale pour juger l'action des pouvoirs, prévenir ou arrêter les frottements qui pourraient survenir entre eux, résoudre toutes les difficultés par les deux grands moyens du changement de ministère ou de la dissolution des chambres. S'il se mêle à l'action, il ne peut plus être juge, il n'est plus que l'un des pouvoirs, et le plus faible de tous; son action naturelle est de les dominer et non de lutter avec eux. C'est

---

français, et que le mot anglais fool, *qu'il avait sûrement en vue, signifie encore bien autre chose que fou.* » Quel langage en parlant d'un frère, et d'un frère abymé dans un tel malheur!

(1) Un jeune avocat qui a fait l'éloge de Malesherbes arrêta les insensés qui, dans les jours de désordre de juillet, voulaient outrager ce monument de la vertu : je suis sûr qu'il serait mort en le défendant.

cette glorieuse mission qu'il est appelé à remplir. Qu'il se hâte donc de sortir de cette arène, où la dignité royale, froissée par des combattants acharnés, serait en danger de périr. Ses imprudents conseillers croient lui donner plus de force en amoncelant sur elle les prérogatives; ils ne font que la rendre plus vulnérable et l'arracher à sa véritable destination (1).

Je n'ai encore parlé de la dignité royale que comme pouvoir, j'en vais parler maintenant comme appartenant à la nouvelle dynastie. Il existe dans le gouvernement une opinion qui

---

(1) Je vois avec un profond chagrin la direction que les ministres voudraient donner à l'organisation de la pairie. Vous voulez donc méconnaître les événements qui viennent de se passer? vous vous obstinez donc à fermer les yeux à l'évidence? Voulez-vous savoir ce que deviendra votre pairie d'institution royale, héréditaire ou non, sans l'appui du principe électif? Eh bien, LISEZ : « *Toutes les nominations et créations nouvelles de pairs faites sous le règne du* ROI CHARLES X *sont déclarées nulles et non avenues.* » (DÉCLARATION *de la chambre des députés du 7 août 1830.*)

m'y paraît dominante, c'est celle que la *révolution de juillet* n'a point créé un ordre de choses nouveau, qu'elle n'a fait que défendre celui qui existait. A ceux qui professent cette opinion, je vais en signaler les conséquences. La constitution de 1814 a été indignement violée par CHARLES X, mais le duc de Bordeaux en est-il coupable? un faible enfant peut-il être responsable des erreurs de ce vieillard? Dans l'ordre de choses où vous vous obstinez à rester, la couronne lui appartient, le droit n'est pas pour vous; aussi êtes-vous forcés, et à cela vous y êtes contraints par la nécessité, pour la sûreté de l'état, de proscrire deux familles, dont le seul crime est d'avoir donné chacune un grand homme à la France. Cette proscription est nécessaire, je la veux comme vous; mais je vais vous indiquer une proscription sûre, d'un effet immanquable, qui les atteindra partout. Donnez un meilleur gouvernement à la France, élevez une nouvelle bannière, tracez entre les deux dynasties tombées et vous une démarcation si profonde qu'il leur soit impossible de la franchir. HENRI V viendra-t-il alors, la Charte de 1814 à la main, cette frauduleuse imitation de la constitution anglaise, redemander la couronne? Et cette famille de NAPOLÉON, que vous redoutez (1), viendra-t-elle réclamer son héritage fondé sur le despotisme militaire? Non, soyez tranquille alors, vous ne pouvez plus être atteints. Votre trône sera élevé au-dessus des orages (2); ils viendront tous expirer à vos pieds; vous serez affranchi des horribles insomnies du pouvoir menacé. Et comment pourriez-vous l'être alors? tous les intérêts se réuniront pour vous défendre; vous serez nécessaire, indispen-

---

(1) Cela est au point que le précédent ministère s'est opposé à ce que le fils du brave prince *Eugène* fût roi des Pays-Bas, et que les journaux assurent qu'Achille Murat a été remercié du service du même pays, sur le désir qui en a été exprimé par le ministère actuel. Quel humiliant aveu de sa faiblesse! C'est une position dont il faut sortir à tout prix. J'en donne les moyens.

(2) C'est cette haute direction impartiale et désintéressée qui est nécessaire à la France. Voyez ce qui se passe maintenant en Angleterre; supposez que, dans la lutte qui y existe pour la réforme parlementaire, le roi agisse comme pouvoir, au lieu d'y présider comme juge: croyez-vous qu'il lui fût possible de la seconder? Non:

sable à la sûreté de l'état; c'est là que sera votre force, et elle sera immense; adoptez *les Conséquences de la révolution de juillet.* Ce ne sont point, comme bien desgens paraissent le croire, d'ignobles lois démagogiques ou bien des lois agraires; *ces Conséquences* sont plus hautes, elles sont dignes d'une grande nation: C'EST UNE SÉPARATION ENTRE LES POUVOIRS, qui empêche désormais une CONFUSION funeste, cause de ses révolutions et de ses malheurs (1).

---

il se joindrait à la haute aristocratie anglaise, et tous deux seraient entraînés dans une ruine commune. Donnez-lui des intérêts personnels à défendre, et il est perdu. Mais il sent bien qu'il n'en a aucun; qu'un pouvoir aussi éminemment utile que le sien ne peut jamais être en danger : et il juge cette question, qui agite tant de petits intérêts sur la terre, avec la majesté et l'impartialité d'un dieu.

(1) J'attends bien tard pour demander pardon au lecteur de la manière *décisive* dont j'aborde ces hautes questions. Je sais que le doute convient à l'homme, et surtout à l'homme peu éclairé; mais je le prie d'observer que je suis sous le charme de ma propre démonstration, que ma conviction est intime; les formules dubitatives ne seraient en moi que de l'hypocrisie.

J'ai fini ma pénible tâche. Et que l'on ne croie pas que ce soit volontairement que je publie cet écrit : je n'y prévois que des chagrins ; mais je suis harcelé par une voix intérieure qui me crie : « Si tu crois connaître la vérité, ton « devoir est de la dire. » Si un homme de mon caractère pouvait être soupçonné un seul instant d'intentions malfaisantes, la blessure serait profonde, elle serait mortelle ; il ne me resterait qu'un seul bien sur la terre : la conscience d'avoir fait ce que j'ai cru mon devoir.

Courcelle-sur-Seine, ce 1er octobre 1831.

www.ingramcontent.com/pod-product-compliance
Ingram Content Group UK Ltd.
Pitfield, Milton Keynes, MK11 3LW, UK
UKHW020538230726
13925UKWH00006B/2348

9 782014 052114